________________ 에게

사랑 가득한 말들이

일상 곳곳에

작은 기쁨을 심어 주길.

글 이금희

어려서부터 사람을 좋아하고 이야기 나누면서 행복을 느껴 왔다. KBS 아나운서로 사회생활을 시작했고, 모교인 숙명여자대학교에서 겸임 교수로 후배들을 만났다. <6시 내 고향> <아침마당> <사랑하기 좋은 날 이금희입니다> <한국기행> <유튜브 마이금희>까지, 사람과 이야기가 있는 프로그램을 꾸려 왔다. 《모두 행복해지는 말》로 어린이 독자들과 처음 만난다.

그림 김성라

그림과 글로 이야기하는 것을 좋아해, 그림책을 짓고 일러스트레이터로 활동하고 있다. 그림책 《고사리 가방》《귤 사람》《여름의 루돌프》, 에세이 《쓸쓸했다가 귀여웠다가》를 짓고, 동화 《오늘부터 배프! 베프!》《우리에게 펭귄이란》 등에 그림을 그렸다.

모두 행복해지는 말

1판 1쇄 발행 | 2025. 11. 17.
1판 3쇄 발행 | 2026. 1. 27.

이금희 글 | 김성라 그림

발행처 김영사 | **발행인** 박강휘
편집 김인애 | **디자인** 윤소라 | **마케팅** 곽희은 김나현 | **홍보** 허한아 최윤아
등록번호 제 406-2003-036호 | **등록일자** 1979. 5. 17.
주소 경기도 파주시 문발로 197(우10881)
전화 마케팅부 031-955-3100 | 편집부 031-955-3113~20 | 팩스 031-955-3111

값은 표지에 있습니다.
ISBN 979-11-7332-403-1 73810

좋은 독자가 좋은 책을 만듭니다. 김영사는 독자 여러분의 의견에 항상 귀 기울이고 있습니다.
전자우편 book@gimmyoung.com | 홈페이지 www.gimmyoung.com

| 어린이제품 안전특별법에 의한 표시사항 | **제품명** 도서 **제조년월일** 2026년 1월 27일
제조사명 김영사 **주소** 10881 경기도 파주시 문발로 197 **전화번호** 031-955-3100 **제조국명** 대한민국
사용 연령 10세 이상 ⚠**주의** 책 모서리에 찍히거나 책장에 베이지 않게 조심하세요.

모두 행복해지는 말

이금희 글 | 김성라 그림

주니어김영사

이 책을 읽는 어른들에게

말은 거울입니다.
우리가 말을 한다는 건
서로를 바라보는 것이죠.
살아가는 모든 순간에
우리는 말을 하고 또 듣습니다.

모두 행복해지는 말.
하는 사람이 행복한 말이 그렇습니다.
하는 사람이 기분 좋으면
듣는 사람도 거울처럼 똑같거든요.

책에 나온 귀여운 조카들의 예쁜 말에 귀 기울여 볼까요.
후배의 딸과 아들, 〈사랑하기 좋은 날 이금희입니다〉
청취자들의 아이들이 들려준 말이
우리를 거울처럼 맑게 비춰 줄 거예요.
모두에게 고마운 마음을 가득 전합니다.

이 책을 읽는 어린이들에게

말은 기적입니다.
우리가 말을 한다는 건 놀라운 일이죠.
날마다 벌어지는 기적과도 같은 일.

우리가 태어나고 하루 하루 자라나
어느 날 꽃잎처럼 예쁘고 사랑스러운 입을 오물거리다가
"으~ 어~ 어~ 으~ 마."라고 말을 했을 때,
"으~ 아~ 브~ 아."라고 불렀을 때
얼마나 기뻤는지 엄마 아빠는
아마 지금도 생생하게 기억할 거예요.

그 예쁜 말, 그 기적 같은 말을
이왕이면 다정하게,
소소한 기적처럼 해 보면 어떨까요.

이금희

차례

1장
마음이 반짝이는 말

2장
마음이 일렁이는 말

3장
서로를 안아 주는 말

4장
마음을 지켜 주는 말

우리의 눈에는 세상이 반짝반짝 새롭게 보여요.

그래서 우리가 건네는 한마디는 때로

어른의 마음까지 맑게 비추어 준답니다.

마음이 반짝이는 순수한 말을 들어 보세요.

1장

마음이 반짝이는 말

인생이 원래 그래요

엄마는 짜증이 났습니다.
한밤중에 국가대표 경기를 보느라 잠을 설쳤거든요.
우리 선수들은 최선을 다해 뛰었지만 내내 밀리다가 결국 졌습니다.
화를 냈다가 소리를 질렀다가 어쩔 줄 몰라 하는 엄마에게
6학년 아들이 말했습니다.

"엄마, 속상해하지 마세요.
안 될 때도 있지만, 잘될 때도 있잖아요.
인생이 원래 다 그렇잖아요."

엄마는 아들의 말에 멋쩍게 웃었답니다.
아들의 말이 작지 않은 위로가 된 거죠.

#

아이도 어른을 위로할 수 있습니다.

위로는 나이로 하는 게 아니라 마음으로 하는 것이니까요.

엄마나 아빠, 내 곁의 어른이 힘들어 보이면 생각해 보세요.

내가 무슨 말을 들었을 때 기분 좋아졌는지 말이에요.

세월 참 빠르다

설날 아침, 할머니 댁에 모였을 때였어요.
큰아빠네 열 살 누나가 작은아빠네 다섯 살 막내에게
올해 몇 살이 되었냐고 물었습니다.
"네가 벌써 다섯 살이야? 세월 참 빠르다!"
어른들은 다들 킥킥 웃으셨고, 열 살은 고개를 갸우뚱했죠.
다섯 살을 보는 열 살로서는 그럴밖에요.
자기 인생의 반이나 되었으니까요.

어른들은 왜 킥킥 웃으셨을까요?
열 살 누나보다 훨씬 오래 사셨을 테니까요.

#

그나저나 여러분은 언제 그런 생각을 하세요?
"세월 참 빠르다!"

겉보다 속

열한 살 아들이랑 걸어가던 길, 엄마는
헬스장 광고판 속 멋진 남성을 보았습니다.

"아빠도 열심히 운동해서 저렇게 멋있으면 좋을 텐데."
그랬더니 아들이 이렇게 말했대요.
"엄마, 사람은 겉모습보다 속이 중요해요.
엄마가 좋아하는 꽃게를 생각해 봐요.
꽃게가 크고 먹음직해 보여 샀는데,
쪄 보니까 속이 텅 비어 있으면 좋겠어요?
아빠는 속살이 가득한 꽃게처럼 속이 꽉 차 있잖아요."

'우리 아들이 언제 이렇게 컸나.
우리 둘 다 아빠처럼 속살이 가득 찬 꽃게가 되자. 사랑해!'
엄마는 아들 손을 잡으며 생각했대요.

혼잣말

"어휴~ 날씨가 추워졌네."

아이 손을 잡고 어린이집으로 가면서 아빠가 혼잣말을 했어요.

아이도 무심코 말했죠.

"추워질 때도 됐지."

갑자기 웃음이 빵 터진 아빠가 아이에게 물었어요.

"너는 추운 게 좋아?"

"에이, 추운 게 좋은 사람이 어디 있어?"

아빠는 다시 한번 빵 터져 크게 웃었대요.

가끔 어른들이 혼잣말하는 걸 볼 때가 있죠.

나한테 묻는 건 아닌 것 같은데, 묻는 게 아닌 것도 아닌 듯한 말.

그럼 나는 답을 해야 할까 말아야 할까요.

어린이집에 가던 아이는 아빠의 혼잣말에 답하는 쪽을 택했어요.

아빠에게는 짧은 순간이지만 기쁨을 안겨다 주었고요.

#

그러니까 우리,

어른들이 혼잣말하면 냉큼 답을 해 보자고요.

내가 곁에 있다고,

내가 지금 이렇게 함께하고 있다고 말이에요.

풍경이 멋있으니까

아빠가 SNS에 사진을 올렸어요.
야경이 담긴 모습은 사진 작가의 작품처럼 멋있었어요.
알고 보니 초등학생 아들이 찍은 사진이었다네요.
사진 밑에 달아 놓은 아빠의 글은 더 멋졌어요.

"와~ 우리 아들! 어쩜 이렇게 잘 찍었어? 최고다!"
그랬더니 아들이 말했대요.
"에이, 아빠. 풍경이 멋있으니까 사진이 잘 나온 거지."

아들은 알고 있는 거예요.
'풍경이 좋아야 사진도 좋다. 내가 아무리 잘 찍는다고 해도
풍경이 좋지 않으면 사진이 잘 나올 수가 없다.'

#
나만 생각하는 게 아니라 나를 둘러싼 사람과 상황을 모두 살피고
그 안에서 나를 바라보는 아들의 능력,
아빠도 닮고 싶었다네요.

죽는 건 끝이 아니야

119 큰 숫자가 적힌 검은색 조끼를 입고
언제나 현장을 뛰어다니는 아빠.
아이는 늘 아빠를 자랑했대요.

어느 날 아이가 아빠에게 물었어요.
"아빠, 아빠는 죽으면 어떻게 되는지 알아?"
"글쎄, 아빠는 잘 모르겠는데, 어떻게 되지?"
되묻는 아빠에게 아이가 말했어요.
"아빠는 죽으면 하늘나라로 가고, 나는 자라나 어른이 되는 거야.
내가 나중에 하늘나라에 가면 또 다른 생명이 태어나 자라나고."
그 말을 들은 아빠는 아이의 머리를 쓰다듬어 주었어요.

\#

다른 사람의 목숨을 구해 주러 날마다 뛰어다니지만,
구하지 못할 때도 많아 아빠 혼자 마음속에 죄책감을 느꼈대요.
그런데 다섯 살 아이가 했던 말,
그 반짝이는 말이 아빠의 마음을 위로해 줬대요.

119

상처받지 않으려면

엄마와 여덟 살 딸이 맛있게 저녁을 먹었어요.
식탁을 정리하고 여유롭게 설거지까지 마친 엄마는 자리에 앉아서
학교에서 배워 온 종이접기 하는 딸을 지켜보았어요.
그때 라디오에서 이별 노래가 흘러나왔죠.

무심코 가사를 흥얼거리던 엄마가 딸에게 말했어요.
"우리 딸은 상처받지 않고 크면 참 좋겠다."
그 말을 들은 딸이 얘기했대요.
"엄마, 내가 남에게 상처를 주지 않는 사람이 되면 돼요."
생각지도 못했던 딸의 한마디에
엄마는 코가 시큰, 눈이 촉촉해졌다네요.

#

'내가 상처받지 않으려면, 먼저 상처 주지 않으면 된다.'
아이의 말에 엄마는 저절로 고개를 끄덕였답니다.

사랑을 담은 말은 언제나 우리 마음을 일렁이게 합니다.

엄마, 아빠, 선생님, 친구에게 건네는

짧은 말 속에 숨은 행복을 찾아보세요.

2장

마음이 일렁이는 말

사랑 고백

유치원에서 돌아오는 길,
엄마 손을 꼭 잡고 걸으며
여섯 살 아이가 종알거렸대요.

**"엄마, 나는 엄마를 왜 이렇게 사랑하는지 모르겠어.
오늘도 엄마가 너무 보고 싶었거든.
사랑해요, 엄마."**

느닷없는 사랑 고백을
거리 한복판에서 받은 엄마는
그 마음이 너무 예쁘고 고마워
길을 가다 멈췄대요.

"엄마도 아들이 보고 싶었어.
그리고 엄마한테 사랑을 가르쳐 줘서
정말 고마워. 사랑해, 아들."

#

길을 가다 멈춰 선 엄마와 아이를 보면

그렇게 생각해 보세요.

'둘이 서로 사랑 고백을 하나 보다.'

둘 다 좋아요!

이모는 온종일 조카를 돌봐줬어요.
엄마가 출근한 아침부터 돌아오는 저녁까지요.
조카는 이모랑 하루를 잘 보내고
점심으로 오므라이스도 맛있게 먹었어요.

그런데 엄마가 돌아오자마자 조카가 "엄마~." 하고 달려갔어요.
등 뒤에 꽂힌 이모의 서운한 눈빛은 못 본 채 말이죠.
이모가 조카에게 농담 반 진담 반 물었어요.

"이모가 해 준 오므라이스가 더 맛있어?
엄마가 해 준 불고기 덮밥이 더 맛있어?"

한순간의 망설임도 없이 조카는 이렇게 대답했어요.
"이모가 해 준 오므라이스도 맛있고
엄마가 해 준 불고기 덮밥도 맛있었어.
맛있는 밥을 해 준 이모, 엄마, 고맙습니다!"

#

그나저나 어른들은 왜 그렇게
누가 더 좋은지, 뭐가 더 나은 건지 묻는 걸까요.
엄마가 좋아, 아빠가 좋아?
이모 밥이 맛있어, 엄마 밥이 맛있어?
우리도 맞춤 답변을 준비해 두자고요.
둘 다 좋아요!

나, 오빠 좋아해

어느새 열 살이 된 아들아이.

요즘 들어 누가 뭘 물어보면 살짝 눈을 내리깔며 대답하는데

엄마는 그게 참 귀여워 보였답니다.

우리 아들이 벌써 사춘기인가,

엄마 혼자 궁금해하던 차에 드디어 그 이유를 알게 됐어요.

아들이 다니는 태권도장에서 여덟 살 여자아이가

아들에게 고백했다는 얘길 들었거든요.

"정말? 그 동생이 뭐라고 고백했는데?"

호기심 반 즐거움 반 물어봤더니 아이는 있는 그대로 말했어요.

"나, 오빠 좋아해."

"그래서 뭐라고 했어?" 하고 물었더니 쑥스러워했어요.

"'응, 알겠어.'라고 했어."

#

어머나, 세상에.

이보다 깔끔한 고백과 확실한 호응이 있을까,

엄마는 미소를 지었습니다.

엄마 힘드니까

큰딸은 어부바를 좋아했어요.
서너 살 때는 물론이고 예닐곱 살 때까지
종종 업어 달라고 했죠.

남들보다 체구가 작은 엄마는
그럴 때마다 힘이 들었대요.
하지만 내색도 못 하고 "끙 차!"
아이를 들러 업었습니다.

둘째를 낳았을 때도 엄마는 업어 줬습니다.
아이는 무조건 업히는 걸 좋아하는 줄 알았는데 말이죠,
둘째 딸은 달랐습니다.
의사 표시를 할 수 있게 된 두 돌 무렵부터
엄마가 업으면 내려 달라고 했습니다.

참 이상하구나 생각했지만 물어볼 수가 없었습니다.
아직 야무지게 의사 표현을 못 했거든요.

둘째가 네 살이 되었을 때 엄마가 물어봤습니다.

“엄마가 업어 주는 게 왜 싫어?”

둘째가 대답했대요.

“엄마가 힘이 드니까 나는 그래서 싫어.”

#

배려는 어른만 하는 줄 알았습니다.

아이도 엄마를 배려할 수 있었습니다.

정직한 말

"아이고, 힘들어 죽겠다."

퇴근한 아빠는 지쳐 있었어요.

현관에 들어서며 구두를 벗자마자 저절로 저 말이 나왔대요.

그러자 아빠를 향해 달려가던 네 살 딸아이가 멈칫하더니

엉엉 울기 시작했다네요.

"아빠, 죽으면 안 돼. 죽지 마. 엉엉."

아빠는 웃으며 그런 딸을 꼭 안아 줬죠.

토요일 아침, 아빠는 직장 동료 결혼식이 있어

새벽같이 일어나 지방으로 갔대요.

느지막이 일어난 딸이 물었죠.

"엄마, 아빠 어디 갔어?"

"응, 아빠는 결혼식에 갔어."

엄마 말을 들은 딸은 또 엉엉 울었다고 합니다.

"엉엉, 아빠는 또 누구랑 결혼하러 간 거야. 엉엉"

○○만두

우리 화해하자

1) 기다리기

우정이 클수록 싸움도 잦은 법! 기다리면 때가 온다!

2) 진심을 말하기

평생 참을 수는 없다. 내 진심을 전해 보자.

3) 참아보기

친구와 나를 위해 조금은 참아 보자.

4) 생각하기

친구의 입장도 생각하고 배려하자.

말하기 전에 생각하는 건 필수!

5) 인정하기

친구랑 잘 지내려면 인정하는 용기가 필요하다.

나의 실수를 인정하자.

6) 사과하기

친구랑 싸운 후 먼저 사과하자, 진심으로.

누가 더 잘했는지 잘못했는지, 우정에는 그런 게 상관없다.

열 살 아이가 쓴 메모를 보고

엄마도 아빠도 고개를 끄덕였다죠.

사랑하는 만큼

엄마가 아들을 차에 태워서 집에 가는 길이었대요.
아들은 뒷좌석에서 아그작 아그작 과자를 맛있게도 먹고 있었답니다.
"그렇게 맛있어? 엄마도 좀 먹어 보자~."라고 했더니
아이가 "얼마나 줘요?" 하고 묻더래요.

엄마는 장난으로 "음~ 엄마를 사랑하는 만큼?!"이라고 했죠.
순간 아들이 조용해졌습니다.
신호에 멈춘 뒤 뭘 하나 뒤를 봤더니
아이가 멈칫하면서 아주 진지하게 말했다죠.
"아, 오, 음, 어엇.
그럼 엄마 두 손 잘 모아야 해. 엄청 많으니까."
그러고는 주섬주섬 과자 봉지 안에서 과자를 한가득 집어 들었대요.

#

'하늘만큼 땅만큼'
봉지 안 과자보다 더,
우리는 엄마 아빠를 사랑합니다. 그렇죠?

우리가 건네는 말은 메아리처럼 돌아와

우리를 꼭 안아 줄 거예요.

따뜻하게 서로를 안아 주는 말을 들어 보세요.

3장

서로를 안아 주는 말

자장 자장 우리 엄마

두 돌이 지난 아이가 잠들기 전이었어요.
엄마는 언제나처럼 자장가를 불러 줬어요.
"자장, 자장, 우리 아기. 잘도 잔다, 우리 아기."
아이를 토닥이던 엄마는 그날따라 피곤했던지
하품을 크게 했습니다.
"아~함."
그러고는 깜박 잠이 들었나 봐요.

가만가만 들려오는 소리에 살며시 눈을 뜨니
아이가 엄마에게 토닥토닥하면서
"자짜, 자짜, 우디 엄마! 짜도 짜다. 우디 엄마."
자장가를 불러 주고 있었대요.

발음도 잘 안 되는데
꽃잎 같은 입술로 자장가를 부르며
단풍잎 같은 손으로 엄마 등을 토닥이는데,
엄마는 말할 수 없을 만큼 뭉클해졌답니다.

어른 아이

엄마가 입원하게 되었어요.
단 하루도 엄마 없는 집에서 잠을 자 본 적 없는 아이가
엄마는 문득 걱정이 됐어요.
잠을 잘 땐 항상 엄마가 자장가를 불러 줬거든요.

그런데 여덟 살이라고는 믿을 수 없게 아이는 혼자 척척 할 일을 잘했대요.
가끔 통화할 때마다 엄마가 서운할 정도로요.
'우리 아이가 다 컸네. 엄마가 없어도 괜찮네.'

일주일 후 현관 앞에서
엄마를 기다리며 서 있는 아이는 어딘가 이상했어요.
눈은 퀭하고 얼굴은 핼쑥하고.

씩 웃으며 엄마를 안아 주던 아이가 말했대요.
"엄마가 없으니까 밥이 잘 안 들어가더라.
근데 엄마 아프고 힘이 들까 봐 전화로 말 못 했어.
이제 엄마 왔으니까 다시 밥 잘 먹으면 돼."

목젖이 뜨거울 만큼 눈물을 삼키던 엄마는 생각했어요.

'정말 다 컸네. 엄마 생각해서 참을 줄도 알고.'

선생님, 힘드시죠?

연말이 다가오자 어린이집에도 크리스마스트리가 등장했어요.
반짝이는 꼬마전구 아래 어린이집 아이들도 무척 즐거웠어요.

반면, 선생님은 힘들었습니다.
곧 부모님을 초대하는 재롱 잔치가 열리거든요.
서너 살부터 대여섯 살까지 나이도 성격도 다른 아이들을
일일이 가르치고 연습시켜야 하니까요.

어느 날 선생님은 자기도 모르게 큰 한숨을 내쉬었대요.
"아휴."
그 모습을 보고 있던 한 아이가 다가와 말했습니다.
"선생님, 우리 때문에 힘드시죠?"
순간 내가 방금 뭘 들었나, 선생님은 귀를 의심했어요.
'이제 겨우 다섯 살인 아이가 내 마음을 읽은 건가.'

덕분에 선생님은 지친 몸과 마음이 사르르 녹았대요.

마음을 담은 쪽지

"엄마, 미안해.

엄마의 시간을 낭비하게 해서.

심심해서 순간 나도 모르게 물장난을 해 버렸어.

용서해 줘.

언제나 잘못한 사람은

자신의 잘못을 알 때가 제일 괴로운 것 같아.

어떻게 말해야 할지도 모르고

나쁜 미래를 상상하며 우울해지거든.

정말 미안해.

앞으로 조심할게.

내 사과를 받아 주면 좋겠어.

용서해 줄래?"

부엌 바닥을 물바다로 만든 아이 때문에 깜짝 놀란 엄마는
집 안의 걸레란 걸레를 다 들고 와 한참 동안 바닥을 닦고 치웠어요.
돕겠다는 아이에게 "저리 가 있어." 하고 소리를 질렀죠.

걸레를 다 정리하고 욕실에서 나온 엄마는
아이의 진심이 꾹꾹 담긴 쪽지를 보았고,
조금 전에 소리 지른 걸 후회했대요.

집에 가는 길

다섯 살 큰애와 지하철에 탄 엄마는 힘들었어요.
배 속에 둘째를 품고 있거든요.
임신 초기라 아직 배가 덜 나와 남들 눈에는 잘 안 보여서
자리를 양보해 주는 사람도 당연히 없었죠.

'깜박하고 분홍색 임산부 배지를 집에다 두고 왔네.
다음엔 꼭 달고 나와야지.'
속으로 다짐을 하면서 엄마는 한 손으로는 지하철 손잡이를 잡고,
다른 한 손으로는 엄마 치맛자락에 매달린
다섯 살 큰아이 머리를 쓰다듬었어요.

앞에 앉아 계신 아주머니가 자리에서 일어나며 말씀하셨어요.
"아가, 힘들어? 힘들면 여기 앉아. 아줌마는 이제 내릴 거야."
"고맙습니다."
엄마는 인사를 하며 큰애에게 말했죠.
"얼른 앉아."

그런데 아이는 앉지 않고 물끄러미 엄마를 보면서 얘기했어요.

**"아냐, 엄마. 나보다 엄마가 더 힘들 거야. 동생 때문에.
그러니까 엄마가 여기 앉아."**

아이의 한마디에 엄마는 눈물이 핑 돌았답니다.

엄마 염색약 사 줄 거야

청소할 때마다 엄마는 여섯 살 아이에게도
장난감을 정리하라고 합니다.
"네가 갖고 놀았던 거니 네가 정리해야지."

아이도 이젠 습관이 되어 엄마가 청소기를 손에 들면
방에 들어가 장난감 정리함을 거실로 밀고 나오죠.

그런 아이가 기특해서 엄마는 청소를 끝내면
아이에게 천 원짜리를 한 장씩 주었답니다.

아이는 "고맙습니다." 하며
배꼽 인사를 하고 저금통에 넣었죠.

엄마가 물어봤어요.

"그 돈 모아서 뭐 할 거야? 장난감을 살 거야?"

그랬더니 아이가 이렇게 말했대요.

"엄마 염색약 사 줄 거야. 엄마 흰머리 난 거 싫어."

그 말을 들은 엄마의 얼굴이

발그레 행복으로 물이 들었다네요.

열 번째 생일

아이의 열 번째 생일, 엄마는 회사에 반차를 냈대요.
절반만 일하고 절반은 쉬는 걸 반차라고 불러요.
여러분이 학교에서 조퇴하는 것처럼 말이죠.
엄마는 모처럼 평일에 딸과 데이트를 한다며,
콧노래를 흥얼거렸어요.

둘이서 맛있는 점심도 먹고,
카페에 가서 요즘 맛있다고 소문이 난 딸기 음료도 마시고,
이런 데이트 참 좋다며 모녀는 함께 많이 웃었습니다.

집으로 들어오며 엄마가 말했어요.
"우리 딸이랑 더 많은 시간을 함께하지 못해서 미안해."
그러자 딸이 대답했습니다.
"10년 전에 나를 낳느라고 엄마 수술할 때 얼마나 무서웠을까.
나는 생각만 해도 눈물이 나."
그러면서 딸은 엄마를 꼬옥 안아 줬어요.

#

생일엔 무슨 선물을 받을까, 누구랑 재미나게 놀까,
궁리하는 것도 좋지만 내가 태어날 수 있게 해 준 사람을
생각해 보는 것도 좋겠죠.
우리 엄마 말입니다.

때로는 세상이 거칠게 느껴질 때도 있어요.

그럴 때 진심이 담긴 한마디는

마음을 단단히 붙잡아 주지요.

서로의 마음을 지켜 주는 위로의 말을 들어 보세요.

4장

마음을 지켜 주는 말

고민 상담

잠들기 전 엄마는 아이와 대화를 한대요.
아침부터 저녁까지 종알종알 말하지만,
밤이면 왠지 더 속 깊은 얘기를 할 수 있으니까요.

"엄마가 이번에 팀장이 됐는데,
어떻게 해야 좋은 팀장이 될 수 있을지 모르겠어."
누구에게도 말하지 못했던 고민을
엄마도 모르게 아이에게 털어놓았는데,
아이가 이렇게 말했다고 해요.

**"엄마, 내가 우리 반 회장이 되어 보니까
굳이 내가 뭘 하려고 하지 않아도 우리 반 잘 돌아가.
나는 그냥 친구들이랑 재밌게 놀고 공부하면 돼.
진짜 심각한 일이 생기면 어차피 선생님이 해결해 주셔.
엄마네 회사에도 엄마보다 더 높은 사람이 있지?
그럼 괜찮아, 엄마."**

#

어깨를 짓누르고 목까지 뻣뻣하게 만든 고민이

그날 밤 해결됐나 봐요.

엄마가 그 어느 날보다 꿀잠을 잤다네요.

꽃보다 엄마

요즘 엄마는 거울을 자주 봅니다.
눈 밑이 처지는 것 같고, 피부에 탄력도 떨어진다고
거울을 보며 자꾸만 혼잣말을 해요.
아빠는 운동을 하라고 잔소리를 하고요.
엄마는 입을 삐죽 내밀고는 자리를 피하곤 했어요.

아이는 속상했어요.
그러고 나면 엄마 아빠 사이가 조금 멀어지는 것 같았거든요.

그러던 어느 날이었어요.
엄마와 손을 잡고 유치원에서 돌아오는데,
꽃집 문 앞에 노란 프리지아가 한 아름 담겨 있었어요.

엄마는 아이 손을 잡고 가던 길을 멈추며 꽃을 보고 말했어요.
"참 예쁘다. 봄이 오긴 왔나 봐."
아이는 지금 이때다 싶었는지 엄마 귀에 대고 속삭였대요.
"엄마, 엄마가 더 예뻐요."

엄마는 아주 천천히 고개를 돌려서 아이를 바라보았어요.

그리고 꼭 안아 줬어요.

“엄마도 네가 꽃보다, 봄보다 훨씬 더 이뻐.”

엄마 눈에는 내가 있어

엄마랑 아빠는 이혼했어요.
일곱 살 딸 아이는 아빠와 살고
엄마랑은 한 달에 한 번씩 만난대요.

엄마는 늘 미안했어요.
먹고사는 게 뭔지, 보고 싶은 아이를 자주 못 보니까요.

아이와 점심을 먹던 엄마가 이렇게 물었다고 해요.
"엄마가 항상 옆에 없어서 힘들지 않아?"
그랬더니 딸은 기다렸다는 듯 말했어요.
"아니, 떨어져 있어도 항상 엄마는 나를 생각하잖아.
엄마 눈에는 언제나 내가 담겨 있어."

#

자주 못 만나도

만날 때만큼은 행복만 가득 주고 싶은 마음.

사랑은 그렇게 보이지 않아도

느낄 수 있는 것 같아요.

다행이지 않아?

콩! 사고가 났어요.

운전대를 잡은 엄마가 주차장에서 막 출발하려다 들어오는 차와 부딪혔죠.

다행히 아무도 다치지 않고, 차도 살짝 흠집만 났어요.

일주일 후, 보험 회사 연락을 받은 엄마가 갸우뚱하며 말했어요.

"난 시동만 걸고 가속 페달에 발만 얹어 놨는데, 내 과실이 20퍼센트나 되네.

운 나쁘면 뒤로 넘어져도 코가 깨진다더니."

얘기를 들은 아빠 역시 "그러게 말이야." 하며 맞장구를 쳤어요.

그러자 옆에 있던 초등학생 아들이 이렇게 말했대요.

"그런데 엄마, 뒤로 넘어졌는데 머리가 안 깨지고 코만 깨지면

다행이지 않아? 머리를 다치면 훨씬 더 위험하잖아."

엄마와 아빠는 서로 휘둥그레 눈을 마주치며, 순간 크게 웃었답니다.

"우리 아들 말이 맞네. 코만 다친 것이 다행일 수도 있겠구나."

#

우리는 안 좋은 상황에서 속상해하기만 하죠.
더 큰 불행을 그 정도로 막았으니 정말 다행이라고
생각한다면 한결 마음이 편해지지 않을까요?

밥은 먹었어?

할머니를 보러 온 삼촌은
인사를 드리자마자 식탁에 앉았습니다.
그러고는 할머니가 차려 주신 저녁을
숨도 쉬지 않고 먹었습니다.

여섯 살 조카가 가만히 삼촌을 보더니
등을 토닥토닥했어요.
"삼촌, 천천히 먹어. 우리 삼촌 잘 먹네."

밥그릇에 고개를 파묻고 먹던 삼촌은
갑자기 웃음이 났지만
동시에 눈물도 났다죠.

그 조그마한 손바닥으로
마치 할머니처럼 삼촌을 다독였으니까요.

한 달쯤 지났을까.

삼촌은 한동안 못 만난 할머니에게 영상 통화를 걸었어요.

그때 옆에 있던 조카가 얼굴을 쏙 내밀고 말했답니다.

"삼촌, 밥은 먹었어? 밥 챙겨 먹어."

할머니도 엄마도 삼촌도 모두 얼굴이 환하게 피어났답니다.

내 여자를 위해서

아빠랑 아들이 신나게 게임을 하는데
엄마가 잔소리를 시작했어요.
그때 한창 이기고 있던 아빠는
게임을 그만두기가 싫었다죠.

엄마의 말을 한 귀로 듣고 다른 귀로는 내보내며
여섯 살 아들하고 게임에 빠졌대요.

문득 이러다 큰일 날 것 같았어요.
엄마 목소리가 도레 '미'에서
파 '솔'까지 올라갔거든요.

게임기를 손에서 내려놓으며
아들이 이렇게 말했대요.
"내 여자를 위해서 포기할 때도 있는 거야, 아빠."

빵 터진 아빠도 게임기를 내려놓았고,
솔 '라'까지 올라갔던 엄마도
함박웃음을 지었답니다.

#

그나저나 솔직히 여섯 살 아들,
아빠한테 이길 자신이 없었던 거죠?

진짜 멋진 말은

초등학교 2학년 아들과 버스에 탄 엄마는
창 밖 풍경을 바라보고 있었습니다.
다음 정거장에서 중학생들이 올라탔는데,
건들거리며 큰 소리로 웃고 떠들었어요.

엄마가 눈살을 찌푸리게 된 건
웃음 사이사이 모든 말이 욕설이었기 때문입니다.
아들의 귀를 막아 주고 싶을 정도였죠.

형들이 내리자 눈이 동그래진 아이가 조용히 물었습니다.
"엄마, 저 형들은 왜 저렇게 나쁜 말을 해요?"
"글쎄, 친구들한테 멋져 보이려는 거 아닐까?"

엄마의 짐작에 아이가 다시 조용히 말했어요.
"하지만 엄마, 욕은 기분이 나쁘잖아요.
듣는 우리도 그렇지만, 입에서 욕을 내뱉는 순간
제일 먼저 듣는 건 귀니까 자기부터 기분이 나빠질 것 같아요."

"그러게, 진짜 멋진 말은 나도 남도 기분 좋은 말인데,

아홉 살도 아는 걸 형들은 모르나 보다."

엄마는 가만히 아이 머리를 쓰다듬었습니다.

표현해야 알아요

떡볶이, 도넛, 마시멜로…… .
생일을 맞은 아이는 친구들과 함께
케이크 위의 초에 불을 밝힌 채
“생일 축하합니다.” 노래를 불렀어요.

친구들은 조그마한 선물을 전해 줬지요.
“고마워. 와~ 예쁘다!” 아이는 생긋 웃었어요.
“오다 주웠다.”
짝꿍인 남자아이가 불쑥 선물을 내밀었습니다.
순간 친구들은 웃었지만, 아이는 서운했어요.

‘내가 좋아하는 분홍색 머리띠인데
신경 써서 준비해 놓고 말을 꼭 그렇게 해야 하나?’

생일 파티가 끝나고 자리를 정리하면서
아이와 엄마는 이렇게 얘기했어요.

“엄마, 다음 주에 짝꿍 생일인데,

나는 선물 주면서 이렇게 말할 거야.

마음에 들지 모르지만, 정성 들여 준비했어.”

“그래. 마음이 선물이면 말은 포장지인데,

선물도 포장도 예쁘게 전해 줘야지. 우리 딸, 최고!”

다정하게 손을 뻗으면

"아야, 왜?"
장난치기 선수인 아이는 틈만 나면 친구들 등을 손으로 툭 쳤어요.
친구들은 깜짝 놀라 "왜 그러는데?" 하고 소리쳤습니다.

때로는 손이 말을 합니다.
아이의 손은 "야, 같이 놀자." 하고 말을 하는 거지만,
친구에겐 이렇게 들렸거든요.
"야! 너 나랑 싸울래?"

어깨를 다정히 감싸 주었다면 제대로 들었을 텐데.
"우리, 같이 가자!"
부드러운 말이 정다운 것처럼
부드러운 손은 다정한 말이거든요.

때로는 눈도 말을 합니다.
선생님이 칠판에 글씨 쓰실 때
친구랑 눈빛을 주고받으며 키득키득 웃기도 하잖아요.

그러니 눈으로 하는 말도 부드럽게 하자고요.

'눈으로 레이저 쏘는 중' 이런 눈 말고요.

#

부드러운 말이 달콤한 것처럼

부드러운 눈은 마음을 녹이거든요.